場景(1) 茶座

麥基被債主戴維斯逼得走投無路，只好計劃殺妻騙保險金還債。

場景(2) 森林旅館

福爾摩斯和華生剛好去度假，認識了麥基，並拆穿他的殺妻計劃。

場景(3) 貝格街附近的茶座

一方面交代麥基犯案原因，一方面利用M博士的來信為故事埋下伏線。

場景(4) 大笨鐘

福爾摩斯在限時內拆解了戴維斯犯案的時間和地點，救出泰勒小姐。

場景 — 故事發生的時間和地點

一個完整的故事會有發生的時間或地點改變，場景之間環環相扣，讀事。雖然場景不一定對景對於營造氣氛及推動劇情都有作用。

(1)和(3)屬次要場景，所佔篇幅短，無須大費周章描述。

(2)和(4)是故事主線的主要場景，對於環境、場所、天氣的描述就會詳細一點。

情節 — 表現人物行動的連續事件

故事要吸引，絕對不能平鋪直敘，要有高潮和衝突才能勾起讀者的興趣，所以一定要加插一些意外事件來推動情節發展，這也是觀眾看下去的亮點。

情節是故事發展過程，用來表現人物行動。主角必須有一個明確目標，他為了達成這個目標而努力。即使面對重重困難和險阻，他都會想辦法克服，最後成功達成目標。

看看福爾摩斯如何達成目標

目標：救出泰勒小姐

阻礙：對犯案時間和地點毫無頭緒

克服：剩下3分鐘找到線索

結果：在馬車衝過欄杆前成功救人

對話 — 讓人物開口說故事

對話是故事構成的重要部分，常用來交代事件和傳達訊息。故事中會出現各色各樣的人物，他們的身份、年齡、職業、教育程度各不相同，對話內容必須要切合他們的言行想法和性格特徵。試想像一下，福爾摩斯用小兔子的腔調說話會怎樣。

因此在設定人物對話時，要留意用詞、語調是否符合他們的特性。這部分在P.8繼續講解。

有了這四個元素，就可以開始說故事？

等等，一個結構完整的故事，總離不開「起、承、轉、合」這個框架，所以如何鋪排故事也很重要。

故事的起承轉合：
故事山峰圖

無論是長篇或短篇，冒險或懸疑，每個故事都有完整結構，先找出故事重要元素，就能逐步掌握故事脈絡。故事結構常以圖像來呈現，將故事分為背景、劇情鋪陳、高潮、故事收尾和結局五個階段，這就是故事山峰圖（Story Mountain）。

爬山要有行程和路線，寫故事也一樣，要有清晰的大綱和明確的架構，讀者才會追看下去。我們以44集《消失的屍體》作例子，看看如何用故事山峰圖表達故事結構。

❶ 背景 (Exposition)

即故事基本設定，交代時間、地點、人物及事件的起因，勾起讀者興趣。

時間：下着微微細雨的黑夜
地點：殮房
人物：黑影、小雷的屍體
事件：請求小雷的原諒

加入預料之外的狀況或難題，埋下伏筆。

→除了雨傘外，原來兇手還在地鐵內留下了一本雜誌。

那個黑影是誰？

為何要夜闖殮房請求小雷的原諒？

莫非黑影就是殺死小雷的兇手？

1

❷ 劇情鋪陳 (Rising Action)

故事主軸，透過主角面對的問題、衝突或矛盾，一步步推動故事情節發展。

2

- 小兔子委托福爾摩斯，查出蘭茜姨的死因。
- 在調查過程中，福爾摩斯發現少了一把黑色雨傘，根據失物登記冊的線索，來到皇家狩獵會找英文姓名縮寫是「W.W.」的會員。
- 雨傘物主另有其人，是英文縮寫是「M.M.」的人。而皇家狩獵會副會長邁克爾·梅利夫的英文縮寫正是「M.M.」。

Start

❸ 高潮 (Climax)

故事轉捩點或高潮所在，此時主角也會面對更大的困難。

- 雜誌頁邊寫滿一組組的數字，調查後發現筆跡與梅利夫不同。
- 同一時間，福爾摩斯獲悉有一具流浪漢的屍體在殮房失蹤。

啊！原來寫故事與爬山一樣，要有高低起伏的情節，營造緊張懸疑的氣氛，才能抓住觀眾的注意力。

你說得對。任何人都不能一口氣爬到山頂，途中或許會疲累，甚至遇上難行路段，就如故事主角也需要經歷一些困難和險阻，想辦法解決後，故事才會結束。

❹ 故事收尾 (Falling Action)

高潮之後的收尾，可以是圓滿結局或悲劇收場。

- 福爾摩斯破解了雜誌的謎團，而梅利夫也承認殺人，並交代殺人動機。
- 那具失蹤的屍體就是梅利夫失散20多年的弟弟。

❺ 結局 (Resolution)

故事的結局，所有事情都要交代清楚。

→梅利夫和小雷兩兄弟先後被兩個英國家庭收養。小雷從小就因為混血兒身份備受歧視，為了保護已晉身上流社會的哥哥，不敢與他相認。

雜種！

End

故事開場怎樣説

開場太悶，我一定會睡着。就算之後劇情有多精彩，我也不知道。

故事不一定要按照順序開始，可以把最精彩、刺激的片段放在開場。

是不是所有故事都可以用動作場面開場？我記得厲河老師説過，以ACTION（動作、令人激動的事情）來開場，令故事變得有「戲」。*

以動作開場只是其中一種，還有其他開場方式啊。

*請參閱第53期《兒童的學習》專輯「看福爾摩斯學寫作4」。

故事開場一定要先聲奪人，才能迅速地抓住讀者的注意力，吸引他們看下去。

無論是用哪種方式，推理小説的開場總是離不開懸念。看看以下例子吧。

1 動作

福爾摩斯靠在椅子上，翻開早報無精打采地説：「唉……已兩星期沒生意了，要是打風的話，下個月的租金又要麻煩你代——」

噠噠噠噠噠！

福爾摩斯還未説完，一陣急促的上樓梯聲打斷了他的説話。接着，咚咚咚咚咚咚！有人用拳頭拚命地敲門。

↑48集《骨頭會説話》的開場雖然沒有緊張刺激的動作場面，但透過急促的腳步聲和持續不斷的敲門聲，不但表達來者焦急的心情，還能營造一股緊張的氣氛，讓讀者代入情景中。究竟來者何人？為何急着要找福爾摩斯？

2 對白

我只需要一條腿。

一條腿？

對，一條腿。

你的一條腿。

↑以M博士外傳第3集《第一滴血》為例，燈塔看守人哈利為感謝神甫的幫忙，願意為他做任何事，豈料神甫需要的竟是哈利的一條腿。他們的對話雖然讓讀者摸不着頭腦，但就能牢牢抓住他們的注意力，對接下來的故事情節產生好奇。這不僅增加故事追看性，亦為後面的情節做鋪墊。

3 場景

→這是44集《消失的屍體》開場，故事開首已製造了懸念，通過怪異的場景引起讀者的好奇心——在不應該發生的時間（下着微微細雨的黑夜）和地點（殮房後的小巷），發生了不應該發生的事（打破殮房的氣窗）。因此，讀者就會產生疑問，那個「黑影」是誰？為何要打破殮房的氣窗？有何目的？

在下着微微細雨的黑夜，當看到殮房的職員一個一個離開後，躲在暗角的黑影撐着傘，悄悄地繞到殮房後面的小巷裏，在一個開在10多呎高的氣窗下面停下來。

（中間省略……）接着，他沿着水管攀到氣窗旁邊，掏出早已用毛巾包好的鎚子，然後往氣窗的玻璃用力一敲。

具有懸疑性的開場，可以令故事動起來，也變得有「戲」。

就算是同一個故事，用不同方式開場，也會有不同效果。我們以13集《吸血鬼之謎》小說版和漫畫版詳細說明吧。

↑小說版（左）和漫畫版（右）封面

兩個版本的故事都一樣，只是開場稍作調動，小說版以愛麗絲開場，而漫畫版則改為頑童到鬼屋探險。轉換場景後，福爾摩斯還是應邀赴現場，調查鬼屋兇案以及吸血鬼傳說。

小說版

①愛麗絲登場 → ②女嬰頸上有被吸血的傷口 → ③福爾摩斯受邀調查事件

漫畫版

①頑童鬼屋探險，其中一人失蹤 → ②愛麗絲登場

④眾人出發往案發現場

⑤頑童探險的鬼屋 → ⑥死者失足摔倒在鐵釘上

⑦弗格臣的農莊大屋 → ⑧女嬰頸上傷口被哥哥用毒箭所傷

小說版開場 愛麗絲登場

↑在小說中愛麗絲初登場，讀者對於這個人物全然陌生，所以就用了較多篇幅描述她的背景和性格，展現人物特徵。

愛麗絲的個人資料
- 11、12歲的女孩子。
- 房東太太親戚的女兒，當學校放假就會來借住幾天。
- 外表端莊有禮，實則牙尖嘴利。
- 讀男女混合寄宿學校。

←小兔子與愛麗絲第一次見面就鬥嘴，其牙尖嘴利程度，連小兔子也甘拜下風。

通過這段生動有趣的對話，不但讓人期待接下來的發展，亦令故事生色不少呢。

漫畫版開場 頑童鬼屋探險

↑四個頑童到鬼屋探險，發現屍體後逃回村裏，但其中一個小童卻失蹤，懷疑被吸血鬼捉走。

改動原因
由於漫畫篇幅有限，未能用大量文字詳細交代，只能挑重點描述——老舊鬼屋、詭異屍體和吸血鬼傳說，通過場景描述，營造一股陰森恐怖的氣氛，讓讀者馬上進入故事情景中。

製造懸念

營造氣氛

留下伏筆

增加追看性

故事開場夠吸引，自然就能抓住讀者的注意力。下一步……

下一步就教我說故事。

人人都會説故事（説故事的技巧）

書中故事只是寫在紙上的文字，而説故事就是要把文字賦予生命。我們在説故事時，透過角色扮演為人物配上不同聲音、表情和動作，就能讓聽故事的人更快融入情景中。

……

但不是每個人都會説故事，小兔子就是個例子。該怎麼辦呢？

其實，只要能夠掌握説故事的技巧，每個人也可以成為説故事的高手。

我們來玩一個小遊戲。你能透過以下對白分辨説話的角色嗎？

左方的對白和右方的人物調亂了位置，你能畫上線把它們連接起來嗎？

① 哼！有案件發生我們就要管。

② 嘿嘿嘿……他哪用節哀順變！他一點也不悲哀，心中還可能在偷笑呢！

③ 救命呀！大偵探欺負小孩子呀！連一角幾毫的打賞也不給呀！

④ 豈有此理！吃了我做的布丁，還説有毒！

⑤ 太可惡了！愈叫你，你的鼻鼾聲卻愈大！算了，你睡個夠，我不管你啦。

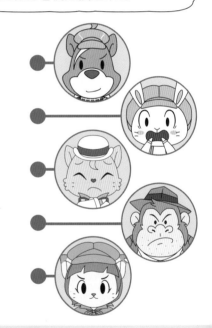

不同性格特徵、身份地位、生活經歷的人，説話方式也有分別。舉例來説，個性直率的人，説話直接乾脆；內向膽小的人，説話聲音比較小。就算我們不知道説話的人是誰，單憑説話方式、用詞和語氣，也能猜出他們是誰。

説故事就像角色扮演，我們不會逐字逐句依書直説，要了解人物性格特徵，也要代入其心情和處境。簡單來説，説故事者要「入戲」（進入角色的情景裏），才能把故事説得動聽。

聲音是説故事最重要的工具，但切記千萬不要用單調平淡的語調來説故事，否則會讓人感到沉悶、乏味，聽眾很快會失去興趣。因此，説故事者要注意説話語調，用不同聲音把人物區分。

答案：①老人貓 ②泡泡鼠阿諾 ③小兔子 ④金剛警長 ⑤大猩猩

8

故事人物怎樣説話？

- 說話語氣能展現人物性格
- 說話要簡潔，切勿重複累贅
- 要配合適當的表情和動作
- 用適當音量和音調說話
- 因應故事情節調整說話速度
- 適當運用手勢和肢體語言

聲音的運用

説話語氣 先聞其聲，再見其人，説話語氣要配合人物的身份和性格。如果福爾摩斯用小兔子的語氣説話，聽眾肯定會對兩人的人物設定產生混亂，難以投入其中，所以在説故事時要用恰當的語氣來呈現人物的性格、情緒和心情。

聲音能傳達感情，適當的語氣變化能增加故事性，帶動情節發展。

第50集《金璽的詛咒》

雖然李大猩和狐格森監視了古董店店主萊昂一整晚，但他們吃過早餐恢復精神，所以説話語氣比較輕鬆。相反福爾摩斯因為擔心萊昂會逃走，甫見面就迫不及待地詢問其下落。

以下兩句説話，哪一句的語氣讓你感到舒服？

快借我一百元。

你能借我一百元嗎？

同樣是借錢，小兔子請你幫忙卻用命令式語氣跟你説話，反之華生用商量的語氣請你幫忙，讓你感到被尊重，自然願意向華生伸出援手。可見當我們用不同語氣説同樣的説話，所表達出來的意思也有所不同。

不一刻，兩個熟悉的**身影**闖入眼簾，他們不是別人，正是我們的好朋友**李大猩**和**狐格森**。李大猩口中叼着一根香蕉，狐格森則咬着一枝長長的牙籤，一面悠閒地迎面而來。

「情況如何？」福爾摩斯*迫不及待*地問，「你們怎麼沒守住疑犯？」

「喂！你的肚子不會餓的嗎？」李大猩拍

⑦

馬車大追蹤

了拍脹起來的肚子，「我們**監視**了整整一個晚上啊，當然是去吃個早餐，暖和一下肚子啦。」

「就是嘛，所以我吃了**一個牛肉漢堡包**，他嘛，一共吃了三個呢。」狐格森邊用牙籤挑着牙縫邊說，「不用

的馬車。他往四周張望了一下後，匆匆地鑽進車內。

「糟糕！他上了車！」李大猩低聲叫道。

說時遲那時快，福爾摩斯已衝出馬路攔住了一輛馬車，並叫道：**「快上車，追！」**

三人不敢怠慢，馬上跟着福爾摩斯跳上了車。

福爾摩斯向馬車夫吩咐了一下後，馬車迅即開動，直往萊昂的馬車追去。一輪*衝刺*後，很快就追近了。

㊿

↑李大猩發現萊昂乘馬車離開，説話語氣由輕鬆轉為緊張，怕會跟丟了他。

通過説故事者的語氣，呈現人物的情緒和心情。右方是表達説話語氣的例子。

愉快	憤怒	憂慮	難過
無奈	嘲笑	訓斥	不耐煩
威脅	譏諷	親切	不滿

9

說話音調 運用適當的音調能反映人物的情緒和感情變化，不能由頭到尾都用同一個音調，説故事者要因應角色變換和場合進行調整，引導聽眾進入故事情景中。例如當説到一件令人激動的事情時，不但説話速度會加快，就連音調也會跟着提高。

說話音調有四類，我們看看以下的例子吧。

偷龍轉鳳

「嘻嘻，律師先生，你猜中了。」狐格森嘻嘻地説，「**偷龍轉鳳**，**以真換假**的就是這位湯姆·羅蘭茲先生了。」

「你別**含血噴人**！我為甚麼要這樣做？」湯姆有點慌張地抗辯，「不管金璽是**真是假**，昨天和今天都是一枚。」

「你肯定？」福爾摩斯問。

「當然肯定！怎樣看，金璽也一**模一樣**！」

「老朋友，你是見證人，請你務必看清楚這枚金璽，記住它的每一個細節啊。」福爾摩斯把手中的**小木盒**伸到老律師面前，嚴肅地説。

⑩

第50集《金璽的詛咒》

這頁登場人物有狐格森、湯姆和福爾摩斯三人，説故事者要分別用三種聲音代入角色，配上與角色相符的聲音，聽眾才不會混亂。因此，當決定了角色的聲音後，就必須要保持一致，然後才跟着故事情景改變音調。

升調 ↗

説話音調由低至高，一般多用於疑問句和反問句，用來表達疑問、驚訝、詫異、興奮、激動等情緒。另外在長句語意未完，中間稍作停頓（標點符號如逗號）前的半句也常用升調。

救命呀！大偵探欺負小孩子呀！連一角幾毫的打賞也不給呀！

降調 ↘

音調先高後低，句尾低音尤其明顯，多用於陳述句、祈使句（要求、命令、勸阻）和感歎句，一般在陳述事實、表達感情（沉痛、悲憤）和語氣（肯定、自信）時用。

是的，這是湯姆聰明反被聰明誤的第三個例子。

平調 →

音調平穩沒變化，説話時聲調起伏不大，容易引起誤會和尷尬，不適合日常對話。但在説故事時比較多用，例如當人物陷入回憶與猶豫不決的狀態時，以及在莊重、嚴肅的場合用。

據説他無親無故，死因也無可疑，就是不知道偷屍賊是誰。

曲調 ↘↗

音調高低升降有變化：由低轉高再降低，或先高後低再升高，説話時不但會拖長尾音，亦會在重要字眼加重音節。一般用來營造氣氛，或表達複雜情緒。

方向！方向就是線索呀！我太愚蠢了，竟然連近在眼前的線索也看不到！

語調上揚，表示疑問
有人偷龍轉鳳，把真的換走了嗎？

語調平穩，陳述事實
→ 有人偷龍轉鳳，把真的換走了。

用不同音調説故事能表達不同語氣和情緒。試用剛學會的音調朗讀以下句子吧。

語調下降，表示無奈
唉！有人偷龍轉鳳，把真的換走了。

語調轉折，表示誇張
有人偷龍轉鳳，把真的換走了呀！

從前，有個大偵探……

你說話的聲音太小了，不但會讓你顯得沒自信，還會令故事效果大打折扣。

你的意思是……要大聲說故事嗎？

不！要正確有效地運用聲音，音量適中有變化，亦要適當調整語速，才能將故事裏懸疑緊張、生動有趣的情節說出來。

說話音量

說話音量要大小適中，聽眾才會聽得清楚。當我們生氣或激動時，就會提高音量；當我們說悄悄話時，就會壓低聲音耳語。所以說故事者要隨着劇情變化調整聲音大小，才會令故事更加有趣。

音量	例子
大聲	怒號、尖叫、驚訝、責難、挑釁
小聲	喃喃自語、嘀咕、悄悄話、低語

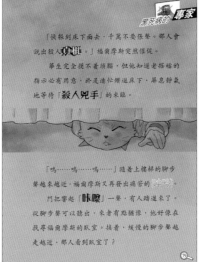

↑在19集《瀕死的大偵探》，兇手突然來訪，福爾摩斯要華生躲於床下。在這個狹小的空間裏，華生不但不能說話，就連呼吸聲也不能太急促，以免引起兇手的注意。

↓又例如49集《象牙與極樂鳥》裏，委託福爾摩斯調查孫女瑪吉死因的荷爾太太，她因為患有重病，所以說話時較吃力並夾雜「吭……吭……」的咳嗽聲。

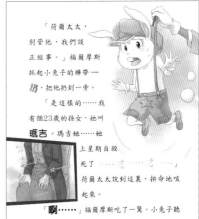

說故事除了適當運用語氣、音調和音量外，還要掌握說話的速度和節奏。否則，再好的故事也難以吸引聽眾。

說話速度

說話速度要恰到好處，太快會聽不清楚內容，太慢則容易讓人失去耐性，所以要適時調整語速和節奏，再加上語氣的配合，製造懸疑、緊張、刺激的氣氛，從而牽動聽眾的情緒。

第43集《時間的犯罪》

福爾摩斯要在限時內找出戴維斯行兇的時間和地點，但時間一分一秒地過去仍無頭緒。當剩下3分鐘時，福爾摩斯終於找到線索，所以他說話的速度愈來愈快，同時配合奔跑的動作，顯示他焦急的心情。聽眾在聽故事時，腦海中也會自動浮現故事情景，這時說故事者可以加快說話速度，讓聽眾有如親歷其境。

說故事者用聲音塑造人物，為不同角色配上不同聲音。只要說的人傳達清楚，聽的人就能掌握角色的情緒變化，故事才會生動有趣。

技巧的運用

適當運用停頓

説故事時切勿一口氣説到底，最好能夠適時停頓，或沉默數秒賣一下關子，可以激發聽眾的想像力和思考空間，讓他們對接下來發生的故事情節產生期待。

→例如22集《連環失蹤大探案》，當説到「他的眼尾瞥見仍未拉上簾子的半邊玻璃門外，好像有點異動。」可在這裏稍作停頓，然後往玻璃門的方向看去，露出驚慌的表情。適當的停頓有助吸引聽眾的注意力，能讓他們產生「畫面」，從而好奇究竟「他」看到了甚麼。

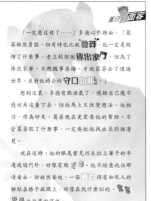

→在21集《蜜蜂謀殺案》中的短篇「分身」裏，這頁有兩個登場人物——華生和老人。華生以醫生親切的態度和關懷的口吻説話，令老人願意透露更多信息。至於為老人配音的話，可以壓低聲音和減慢説話的速度。在説故事時為人物配上適當的聲音，整個故事也會跟着增添趣味。

模仿

説故事者要按着角色的性別、年齡、性格、身處的環境和心情説話，才能「演」得活靈活現。例如為小兔子配音，要配上孩子開朗的聲音，也可以加入調皮的語氣。李大猩性格魯莽又愛面子，為他配音就要用豪邁、急躁、粗聲粗氣的聲音。

我懂得如何說故事了。

還未完的。故事要說得生動有趣，除了要適當運用聲音外，還要靠表情和動作一起表現。

從前，有個大偵探……

善用臉部表情

五官也會説話，説故事時要注意臉部表情的變化，才能恰當地表現角色的情感——角色生氣時要跟着生氣，激動時也要跟着激動。所以説故事者對角色愈熟悉，就愈能輕鬆掌握臉部表情。

將高興、悲傷、害怕、憤怒、厭惡和驚訝這六種基本表情組合在一起，還能產生新的複合表情，例如驚喜（高興＋驚訝）、悲憤（悲傷＋憤怒）等。

↑36集《吸血鬼之謎II》，兩個尿急男人走進荒廢石室，突然有東西纏着其中一人的腳，他們靠着油燈微弱燈光，赫見一隻手從地穴伸出來，然後又看見一張恐怖的臉。這時説故事者就要表現驚恐、害怕，如果用錯表情，就完全不符合當時的場景和角色的情緒，聽眾難以投入，故事效果就大打折扣了。

我們來玩一個遊戲，你能看懂小兔子的表情嗎？畫上線把它們連接起來吧。

①

②

③

（答案：①擔心 ②得意忘形 ③驚訝）

擔心　　　得意忘形　　　驚訝

運用手勢動作

手勢動作只是用來幫助聽眾投入故事，但不是每句對白、每個場景都要加入手勢動作來增加戲劇效果。有些沒有意義的動作，最好省略不用，否則聽眾的注意力會轉移到說故事者身上，模糊了故事焦點。因此，說故事者的表情和動作要恰當，才能起到畫龍點睛的作用。

說故事者要「演出」故事，但由於他們都不是演員，不必將全部情節都「演」出來，只「演」能增加戲劇效果的情節就可以了，這樣聽眾就有更多的想像空間。

如何用動作表現角色的心情或想法

手勢動作	表現
來回走動	坐立不安
身體向前傾	感興趣
打哈欠	無聊／厭煩／累
搔頭	困惑
斜眼	懷疑／鄙視
單手摸腮子	思索
咬嘴唇	緊張／害怕／焦慮
抱臂	漠視／不感興趣／旁觀心態
挺起胸膛	自信／果斷／裝腔作勢

《大偵探福爾摩斯》系列裏，有不少的奔跑場面，例如49集《象牙與極樂鳥》、43集《時間的犯罪》等，如果要模擬奔跑的場面，豈不是要用很大的空間？其實模擬跑步姿態，雙腳不須做任何動作，也能表現焦急的心情和緊張的氣氛。

↑48集《骨頭會說話》裏，無須言語，用動作（指着手錶）也知道李大猩感到不耐煩。

說故事前對着鏡子多加練習建立自信，亦能避免因緊張而做出的小動作，如皺眉頭、擺動雙手等。

學會這些技巧，我有信心參加下星期的說故事比賽了。現在就去買一套新衣服。

你還是花多點時間練習吧，以免比賽時出洋相。

愛麗絲說得對。沒有人天生是說故事高手，只有不斷練習，熟能生巧，自然就能把故事說得生動有趣。

今次到此為止。

下次再見吧！

在這個專欄中，我會批改讀者寄來的短篇故事，希望能讓大家從中學習如何寫作，提高創作故事的能力。不過，寫作風格千變萬化，不同的人可以有不同的寫法。所以，我的批改也很個人化，可以說是「厲河式」的改法，並不表示一定要這樣寫才正確，大家拿來參考參考就行了。

福爾摩斯的生日　小作者／周梓韜（13歲）

福爾摩斯和華生查完一個有關象牙的案子後，①〔已夜幕低垂〕都感到十分疲累，並②〔兩人拖着疲累的身軀，〕默默地在空無一人的貝格街上行走。③〔回到〕

④〔這時〕中途，華生像突然記起什麼似的，轉身問道：「福爾摩斯，明天是幾號？」

「1月6日。」福爾摩斯答道。

華生聽後，向福爾摩斯的肩⑤〔拍了一下〕上拍一拍〔膀〕，笑道：「明天是你的生日啊！你怎麼忘記了？」

但福爾摩斯卻目無表情地說：「生日又怎樣？還不是像平日那樣過？」

「哎呀！怎可以這樣說，生日是……」⑥〔你出現在世上的第一天，很重要的啊。〕

〔「第一天又怎樣？難道比第二天的分量重一些？無聊。」〕

兩人不斷地爭論着。然而，他們的⑦〔你一言我一語，〕卻被一對一高一矮的黑影聽到了……⑧〔這時並不知道，自己的對話已被躲在暗處的〕

翌日，福爾摩斯起牀〔晨〕的時候，⑨〔還在夢鄉，〕卻看見華生旁邊坐着一臉嚴肅的小克。〔卻被華生和一臉驚恐的小克叫醒了〕小克老成地向大偵探〔急切地〕說道：「好久不見，我想請你幫我查一個案子，〔叫〕佐治街50號被一名逃犯逃進去了！」〔不好了！一名逃犯闖進了〕〔，還劫持了人質啊！〕

「什麼？那我們趕快出發！太好了！又有案子！」福爾摩斯立即變得精神起來。⑩〔去救人〕⑪〔精神為之一振，立即翻身下床〕

三人連忙奔下樓，並坐上小克已預備好的馬車。上車後，福爾摩斯一臉疑惑地問：「小克，⑫〔他匆匆換過衣服後，與華生〕為何那名逃犯會躲到那裏去？」⑬⑭〔知道那名逃犯為何逃進那裏去嗎？〕

「呃…」華生見狀，連忙說：「哎呀！去到不就知道了。」⑮〔華生慌忙說。〕

很快，馬車便駛至佐治街50號。⑯〔，四周還站滿了警察。〕〔四周圍也站着警察，〕福爾摩斯手〔拿着〕手槍〔拔出〕⑰，向警察解釋一下來意，並叫小克退後。⑱〔，然後〕於是福爾摩斯「砰」的一聲把門踢開！

出乎意料的是，裏面〔並沒有〕不是什麼逃犯，而是小兔子、愛麗絲、李大猩、狐格森和少年偵探隊的街童一起捧着一個蛋糕大叫道〔…？〕：「生日快樂！」

「什麼…」福爾摩斯呆住了。

小兔子説：「福爾摩斯先生，昨天我和愛麗絲偷聽到你們的對話，所以便叫眾人舉行一個生日派對給你！喜歡吧？」

⑲ 叫大家一起為你慶祝生日

福爾摩斯卻一本正經地説：「還以為有什麼案子，原來只是一場派對。」

⑳ ，太掃興了

「什麼？」眾人呆住了。

㉑ 啞然

愛麗絲怒髮衝天地喝道：「既然你不珍惜，那就快交租！」

㉒ 愛麗絲怒髮衝冠地喝道。

㉓ 慌忙奪門而出

「哇呀！救命啊！」福爾摩斯連忙轉身跑開，留下了一眾呆站着的好友⋯⋯

① 由於後面説貝格街「空無一人」，在這裏最好寫明時間，否則一條街絕少空無一人。
②「感到十分疲累」寫法一般，這麼一改就更形象化了。
③「在貝格街上行走」的寫法，就像這條街與福爾摩斯兩人沒有關係似的。但改為「回到貝格街」，就能表達出回家的感覺了。
④ 由於是「回到貝格街」，把「中途」改為「這時」更為恰當。
⑤「向福爾摩斯的肩上拍一拍」改為「拍了一下福爾摩斯的肩膀」更為自然。
⑥ 作者以「生日是⋯⋯」來省略兩人的爭論，但這麼一來，就完全沒有爭論的感覺了。所以在這裏加多幾句，以便營造出「爭論」的氣氛。
⑦ 加上「你一言我一語」也是為了營造「爭論」的氣氛。
⑧ 作者想在這裏營造懸疑感，但效果不佳。改成這樣，效果就倍增了。
⑨ 這裏是故事的轉捩點，情節應是急轉直下，但作者寫來溫溫吞吞的，小克的對白一點緊迫感也沒有，故改之。
⑩ 由於前面改成「劫持人質」，這裏必須改為「救人」，而且這麼一改，緊迫感大增。
⑪「立即變得精神起來」也形容得太溫吞了，故改之。
⑫ 由於福爾摩斯剛起床，要略為交代一下換衣服。而且，讓小克在馬車上等，也可間接交代了福爾摩斯換衣服的時間。
⑬ 福爾摩斯在這裏沒有「一臉疑惑」的理由，除非逃犯闖進去的地方很特別。
⑭ 福爾摩斯這樣問，就像他知道小克已得悉「逃犯逃進那裏」的理由似的，不太合理，故改之。
⑮ 把對白放在前面，讀來節奏更順暢。
⑯ 作者用的是廣東話式寫法，故改之。
⑰ 這裏改成「拔出手槍」，可加強動作的速度感，令節奏更爽快。
⑱「於是」是帶有「因果關係」的連接詞，這裏只有「先後關係」（時間關係），改成「然後」更準確。
⑲「舉行一個生日派對給你」這寫法怪怪的，故改之。
⑳ 原來的對白不足以令眾人在後面「呆住了」呀！但加多一句「太掃興了」就有足夠的説服力了。
㉑ 由於後面有「一眾呆站着」，為免重複，改成「啞然」也可。
㉒ 對白放在前面效果更佳。另外，「怒髮衝天」應為「怒髮衝冠」。
㉓「連忙轉身跑開」太溫吞了，改成「奪門而出」可令速度感大增。

文學分類上有一種叫「諧模文」（parody）的表現形式，簡單來說就是通過模仿手法，把既有的故事和人物滑稽化，達到搞笑或諷刺的目的。這個短篇是相當成功的「諧模文」，只是寥寥幾筆，就把福爾摩斯等人的性格特徵都全寫出來了，而且也有惹笑效果，相信可博《大偵探福爾摩斯》的讀者一笑。

作者也運用了原著常用的懸疑手法，先寫一高一矮的黑影偷聽福爾摩斯與華生的對話，引發讀者期待，最後揭出「真相」，給讀者一個驚喜。作者在寫「諧模文」之餘，還懂得活用原著必不可少的「懸疑」元素，實在值得一讚呢！

投稿須知：
※短篇故事題材不限，字數約500字之內。
※必須於投稿中註明以下資料：
小作者的姓名、筆名（如有）及年齡，家長或監護人的姓名、地址及聯絡電話。
※截稿日期：2020年11月20日。

投稿方法：
郵寄至「柴灣祥利街9號祥利工業大廈2樓A室」《兒童的學習》編輯部收；或電郵至editorial@children-learning.net。
信封面或電郵主旨註明「實戰寫作教室」。

大偵探福爾摩斯

SHERLOCK H  M博士外傳

⑭ 深坑大對決

奧斯汀・弗里曼=原著　　厲河=改編

陳秉坤=繪　　　陳沃龍、徐國聲=着色

愛德蒙・唐泰斯
年輕船長。因冤罪而被囚於煉獄島。

福爾摩斯　精於觀察分析，曾習拳術，是倫敦最著名的私家偵探。

上回提要：

　　年輕船長唐泰斯被誣告入獄，逃獄後化身成為意大利神甫和蘇格蘭場法醫桑代克，設局令仇人裁縫鼠、唐格拉爾和費爾南都走上了末路。然而，當他準備向把他打進黑牢的檢察官維勒福報仇時，卻反被對方派出的殺手偷襲，幸好得當海盜時的同夥小鷹和庖屋四丑出手相救，才能逃出生天。其後，在小鷹等人協助下，更查出維勒福當年銷毀證據，是為了保護他的未來外父萊文森！正當小鷹想進一步深入調查時，萊文森竟與侄兒弗朗西斯在同一個星期五神秘失蹤。但在失蹤當天的早上，小鷹曾目擊他與一個身穿綠色夾克的男人在航海用品店購物後步往火車站。於是，唐泰斯喬裝成警察，與小鷹一起進入他的研究室調查，但負責打掃的幫傭巴特勒太太指萊文森星期五傍晚曾回來，因屋內的物品有被移動過的跡象。此外，她更發現衣櫃中少了一件灰色斜紋呢上衣，卻多了一件綠色的夾克！

　　從萊文森的研究室回到用作匿藏的漁船後，唐泰斯換過衣服，立即全神貫注地檢視起那件**綠色的夾克**來。

　　「小鷹，你看。」不一刻，他指着夾克的鈕扣說，「幾顆**金屬鈕扣**都被刮花了呢。」

　　小鷹湊過去看，果然，在放大鏡下，可以清楚看到鈕扣表面有被**刮花的痕跡**，就像被甚麼東西磨擦過一樣。

　　「還有，皮帶扣和皮帶也被刮花了。」唐泰斯說着，把放大鏡遞了過去，「你看到皮帶的**刮痕**中藏着些甚麼嗎？」

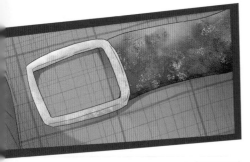

　　　　小鷹接過放大鏡，仔細地看了一會後，有點驚訝地說：「好像還藏着些白色的粉末呢！」

　　　　「沒錯，看來是些**石灰粉**。」

　　　　「石灰粉？」小鷹想了想，說，「萊文森的研究室中有很多**石頭**和**泥土樣本**，是否與那些東西有關呢？」

　　「這個聯想不錯，要記住。」唐泰斯說着，翻到夾克的背面看，但沒甚麼發現。不過，當他翻開它的下襬，卻在裏面找到了一根黃色的、像頭髮絲似的東西。

　　「是一根**大麥芒**呢。」小鷹一眼就看出來了。

　　「對。」說着，唐泰斯翻開另一邊的下襬，又找到了兩根。

　　「穿這夾克的綠衣人，一定曾經穿過**大麥田**裏的小徑，否則不可能黏上這幾根大麥芒。」小鷹分析，「而且，他可能還在**石灰地**上爬過，否則不會**刮花**了鈕扣、皮帶和皮帶扣。」

　　「有道理。」唐泰斯點點頭，然後把手伸進夾克其中一個口袋翻了翻。

　　「有甚麼東西嗎？」

　　「唔？」唐泰斯好像摸到了些甚麼，連忙抽出手來看。

　　　　「是些**紅色的泥土**和**石灰碎**呢。」

　　　　小鷹連忙往另一個口袋掏摸了一下，也找到了一些紅色的泥土和石灰碎。

　　　　「肯定沒錯！他一定在石灰地上爬過，而且那兒的地上還有紅色的泥土！」她興奮地說。

　　　　「**在地上爬過嗎？**」唐泰斯想了想，「看來事情沒那麼簡單呢。」

　　　　「沒那麼簡單？即是甚麼意思？」

　　「這個暫且不說，快為我準備好顯微鏡吧。」

唐泰斯在假扮法醫時，買了一座精密的顯微鏡，現在正好大派用場。

在小鷹調較顯微鏡時，唐泰斯把一小塊白石灰放進玻璃盤中**磨成粉**，再用水把粉混和，並用軟毛刷在水中輕輕掃拂。接着，他把已混成**乳白色的液體**輕輕地倒進一隻高高的杯子中，讓較重的粉粒**沉澱**到杯底。

「大哥，你在幹甚麼？」小鷹準備好後，走過來好奇地問。

「我剛才研磨的石灰是**白堊**，它主要由極之微小的**有孔蟲殼狀物**組成。」唐泰斯解釋道，「把粉末混進水中輕掃，是要把那些殼狀物通過沉澱**分離**出來。這樣的話，把它們放到顯微鏡下觀察，就能知道是甚麼東西了。」

「知道是甚麼東西又如何？」小鷹問。

「知道了的話，或許會找到萊文森的去向。」唐泰斯說完，又埋首於顯微鏡的目鏡之上，一邊看那些**沉澱物**一邊繪圖，直至小鷹睏得走去睡覺，他也沒有停下來。

翌晨，小鷹剛起床，唐泰斯已換好了衣服。

「我要去圖書館找些資料。」

他拋下這麼一句，就獨個兒出去了。

回來時，他腋下夾着一幅**肯特區的軍用地圖**。小鷹想問他買地圖來幹甚麼，但他只是擺擺手叫她安靜一下，然後一屁股坐在椅上，就攤開地圖細閱起來。小鷹想再問，但又怕打擾他，只好閉上嘴。

他看完地圖後，抬起頭來向小鷹說：「我沒記錯的話，你曾見到萊文森與綠衣人走進一家**航海用品店**吧？我們去那兒問問，看看

他們買了些甚麼。」

　　小鷹雖然滿腹狐疑，但也馬上叫了輛馬車，去到那間艾丁頓航海用品店。唐泰斯塞了一個金幣給店員後，直截了當地問：「上星期五早上11點半左右，有兩個男人來貴店光顧，其中一個穿着綠色的夾克。你有印象嗎？」

　　「每天都有很多客人，很難記住每個客人穿甚麼啊。」店員有點困惑地說，「不過，倘若你知道他們買了些甚麼，或許能從銷售記錄上查出來。」

　　「是嗎？」唐泰斯想了想，再塞了兩個金幣給店員，「他們可能買了一根繩子，長度大約七八十呎，甚至更長。」

　　聞言，小鷹大感意外，她沒想到唐泰斯竟可問得那麼具體。

　　店員接過金幣後，精神為之一振，他馬上拿出一本簿子，只是翻了一下，就說道：「我記起來了，當天賣出的是一根90呎長的測深繩。那位穿綠色夾克的客人有一個大提包，我花了好大氣力，才把那捆繩子塞進去呢。」

　　「那位客人有戴帽子嗎？」唐泰斯再三確認。

　　「有，他戴着一頂灰色的軟帽，兩頰還長着鬍子呢。」

　　「謝謝你。那麼，你也給我一根90呎長的測深繩吧。」

　　步出航海用品店後，兩人走出了熙來攘往的大街。

　　「大哥，你怎會知道綠衣人買了甚麼？你又為何跟他一樣，買一根這麼長的繩子？」小鷹問。

　　「全因為那件綠色夾克。」唐泰斯答道，「昨晚你睡覺後，我在夾克上還找到一些煤灰，估計是從火車上飄下來黏到衣服上的。此外，還有一些花粉，分別來自苦苣菜、錦葵、罌粟和頡草。」

「啊！竟然找到那麼多東西？」

「最特別的是，還找到了兩粒從藍蝴蝶翅膀上掉下來的碎片呢。」

「太厲害了！可是，這些東西又跟90呎長的繩子有何關係？」

「嘿嘿嘿……」唐泰斯狡黠地一笑，「你說過，看到綠衣人與萊文森走向火車站，煤灰證實了你的說話，綠衣人曾坐過穿越隧道往郊外的火車，否則不會沾上那麼多煤灰。」

「那又怎樣？」

「記得那3根大麥芒嗎？它們與花粉和藍蝴蝶翅膀的碎片一樣，再一次證明綠衣人到過郊外。」

「有道理，但到過郊外又如何？」

「你昨夜根據鈕扣和皮帶上的刮痕，推論出那是綠衣人曾在地上爬行而造成的。」唐泰斯說，「不過，從夾克口袋中找到的白灰和紅土看來，他並非在地上爬過，而是曾攀下一個深坑中。」

「攀下深坑？你怎知道的？」小鷹訝異。

「記得嗎？夾克的口袋有袋蓋，穿着它向前爬時，袋蓋密封着袋口，白灰和紅土是不會跑進口袋中的。」唐泰斯說，「可是，倘若穿着它的人在岩壁上向下攀，袋蓋就會在磨擦岩壁時向上翻開，白灰和紅土就有可能掉進口袋中了。」

「啊！原來如此！」小鷹驚歎，「大哥你太厲害了！」

「這只是基本分析而已，不值得大驚小怪。」唐泰斯在馬路口停下，讓一輛馬車開過後，他邊過馬路邊繼續說，「最重要的還是

那些白堊中的**有孔蟲殼狀物**，通過分析它們，幾乎可以確定，那是**格雷佛桑德**一帶的沙洞才能找到的石灰。」

「大哥，你連地質學也懂嗎？單憑那些甚麼殼狀物，就能確定地點？」

「嘿嘿嘿，我才沒那麼本事呢。」唐泰斯笑道，「我分離出石灰中的9種殼狀物後，去圖書館對照了好幾本地質學圖鑑才能確定的。因為，當中**5種殼狀物**只是**格雷佛桑德**的石灰中才會有的。而且，上個星期五早上，你看到萊文森與綠衣人一起往倫敦橋火車站走去時，正好有一班**11時52分**開往肯特的火車呢。」

「啊！我明白了！你買那張**肯特區的軍用地圖**，就是為了找出格雷佛桑德的**沙洞**！」

「對。我在圖書館中，還查閱過萊文森的地質學著作。他把所有曾經探究過的沙洞都記錄在書中，只差一個最近才發現的沙洞，他還未去過。」

「難道他的失蹤與那個沙洞……？」小鷹說到這裏，終於恍然大悟，「啊！他為了**探洞**，所以買下**一根90呎長的繩子**！」

「正是如此。」

「大哥，你準備何時去探那個沙洞？」小鷹看了看唐泰斯肩上扛着的那捆繩子，充滿期待地問道。

「**明天！**」

第二天一早，當兩人和金丑一起乘坐火車抵達格雷佛桑德，再步行到目標的深坑時，已經在山腳穿過了一片**大麥田**，看到不少**藍蝴蝶**在四周飛舞。當他們攀上了一座山的山頂時，在途中也看到了**苦苣菜**、**錦葵**、**罌粟**和**頡草**的花朵。

「**看！這裏有根繩子！**」小鷹一走近深坑，就看到一根栓在木樁上、向深坑延伸的繩子。

唐泰斯連忙沿着繩子走向深坑，他往深坑看去，不禁意外地叫了一聲：「**啊！**」

「怎麼了？」金丑走近問。

「本以為繩子會被剪斷，令坑底的人不能攀上來，但沒料到竟**完好無缺**地掛在坑內。」唐泰斯邊說邊把繩子往上收。

不一刻，他把整根繩子都收了回來。

「這麼看來，坑底應該**沒有人**了？」小鷹問。

「不，坑底應該**還有人**。」唐泰斯說，「要是坑底的人都上來了，繩子也該被拿走了，不會仍栓在木樁上。」

「可是，如果坑底仍有人的話，他們可以游繩攀上來呀。」金丑說。

「按道理是這樣，如果坑底的人還**活着**的話。」

「啊……」小鷹和金丑不約而同地赫然一驚，他們馬上明白唐泰斯的含意——**坑底裏的人已死了！**

「你的意思是，萊文森已命喪坑底？」小鷹問。

「這個可能性頗大，但要找到他的屍體才能確定。」

「下去找嗎？這個坑好深啊。」小鷹看着腳下那**深不見底**的黑洞，不禁打了個**寒顫**。

「我先攀下去看，然後用提燈打兩個圈作信號，你們再下來。」唐泰斯放下肩上的大布包，取出一盞提燈，並把那捆在航海用品店買來的測深繩放在一旁。

「木樁上的繩子跟我們買來的**一模一樣**，而且還頗為新淨呢！」小鷹說。

「沒錯，看來是店員在同一卷繩子上剪下來的。可惜的是，我們

老遠把繩子帶來，現在卻用不着呢。」唐泰斯說着，把綁在木椿上的繩子用力地拉了一拉，確認綁得相當牢固後，就點着提燈把它扣到腰上。

「我下去了。」他走到坑邊，把繩子的另一頭在腰間綁好，然後面向坑壁一步一步地往下攀。很快，他的身影已消失在漆黑一片的深坑之中，只剩下那點在黑暗中搖搖晃晃的燈光。

小鷹和金丑緊張地看着變得愈來愈小的燈光，不一刻，搖晃的燈光停了下來，本來被拉得緊緊的繩子也鬆了。兩人知道，唐泰斯已到達坑底了。

接着，他們看到燈光打了兩個圈後，匆匆把繩子拽上來。然後，兩人按照唐泰斯的步驟，也一先一後地游繩攀了下去。

「你們下來時，也看到吧？」唐泰斯待兩人攀下來後說，「坑壁的上三分之一是紅色的泥土，但下三分之二卻是白灰岩，跟在綠色夾克上找到的紅土和石灰相同。」

「剛才下來時太黑了，我沒注意到呢。」金丑說。

「找到了萊文森的屍體嗎？」最後下來的小鷹問。

「找到了。」唐泰斯說着，把手中的提燈往旁一照。

「啊！」小鷹往燈光照射的方向看去，不禁驚叫了一聲。

一具屍體俯臥在地上，背上還插着一把匕首。

「你去看看是不是他吧。」唐泰斯說。

「嗯。」小鷹點點頭。

她走到屍體身旁蹲下，翻開了他的臉看了一下，帶點悲傷地說：「沒錯，就是他。跟蹤

了幾天，不知怎的，他好像已成為一個我熟悉的朋友。上星期還是**活生生**的，現在卻**一動不動**的死在這個人跡罕至的深坑裏，實在太可憐了……」

「他是一刀致命嗎？」金丑問。

「不，只是刺穿了肺，不會立即死去。不過，在他的身旁還找到這枝**手槍**。」唐泰斯把手中的槍遞上。

「啊？」金丑接過手槍，聞了一下槍口，又打開彈膛看了看，「有**火藥的氣味**，又少了一顆**子彈**。」

「啊？難道萊文森曾與人搏鬥，向捕他的人開了一槍？」小鷹問。

「那個人大概沒中槍吧？否則屍體應該仍在。」金丑說。

「先別下結論，我們還未搜索這個沙洞呢。」唐泰斯說着，舉起提燈往**左邊**照了照，然後又往**右邊**照了照。

這時，金丑和小鷹才察覺到，原來坑底兩邊都有條隧道似的洞穴，但提燈的光線太弱，無法照到盡頭。

「先到左邊的洞穴看看吧。」說着，唐泰斯領頭，拿着提燈走進洞穴中。他們走了40呎左右已到達盡頭，並沒有發現甚麼。

接着，他們回頭走，走進了右邊的洞穴中。這次只走了20呎左右，就赫然發現前方有一具**仰臥着的屍體**。

三人走近，當提燈照到他的面部時，金丑不禁叫道：「啊！是他？」

「是萊文森的侄兒吧？」唐泰斯問。

「對……正是他。」金丑點點頭。

「他們叔侄兩人……為何在這裏**自相殘殺**呢？」小鷹倒抽了一口涼氣。

「真的是自相殘殺嗎？」唐泰斯盯着屍體說，「別忘記，萊文森是與綠衣人一起來的。就是說，來這裏的至少有**三個人**，兩個死在坑底，第三個卻游繩離開了。」

「第三個就是**綠衣人**，但他是何方神聖呢？」小鷹問。

「問得好。」唐泰斯說，「此人**神秘莫測**，他向萊文森叔侄兩人下毒手的方法也很特別。」

「為甚麼這樣說？」金丑問。

「第一、他選擇**下手的地方**不尋常。要知道，萊文森叔侄都是地質學家，綠衣人卻故意找一個與地質學研究有關的**沙洞**行兇，當中有何含意呢？第二、他用**刀**刺傷萊文森，卻沒有立即取其性命，原因何在？第三、侄兒弗朗西斯是死於**槍**下。為何綠衣人向他用槍，但向萊文森卻用刀呢？」

「唔……」金丑和小鷹都摸不着頭腦。

「**嘿嘿嘿**……」唐泰斯冷冷地一笑，「看來，正如小鷹的第一個印象那樣，綠衣人搞那麼多花樣，只是想製造**自相殘殺**的假象。他想令警方以為……」

萊文森被侄兒弗朗西斯從後**偷襲**，背上中了一刀。但由於刺中的並非迅即致命的要害，萊文森仍有餘力轉身**拔槍還擊**，射中逃向洞穴中的侄兒。可是，萊文森雖然打死了侄兒，自己卻受了重傷，無力游繩攀回坑頂，最後**失救致死**。

「這麼說來，綠衣人就是維勒福派來的殺手，為的是除去外父萊文森，切斷我們的調查。」小鷹說到這裏，想了想又問，「可是，他為何要殺弗朗西斯呢？難道他也是**倒皇黨**的人，維勒福要**斬草除根**以免受到牽連？」

「可是，弗朗西斯與他的叔父關係甚好，這是認識他們的人都知道的。」金丑說，「維勒福應該知道，兩叔侄**自相殘殺**的說法很難站得住腳啊。」

「是的。」唐泰斯想了想說，「可能他們叔侄之間有些**矛盾**外人

並不知道，但維勒福身為女婿卻知悉**箇中內情**，當兇案被揭發後，他就可以用那些矛盾來說服警方了。」

「太深奧了！」小鷹搖搖頭說，「不如我們先回到上面，再慢慢討論吧。」

「好的，你先游繩上去，待你到了坑頂後，金丑接力再上，我壓後。」唐泰斯說。

三人回到原先攀下來的位置後，唐泰斯說了句：「**小心點！**」矯捷的小鷹馬上把繩子綁在腰上，然後抓緊繩子游繩而上。

唐泰斯從口袋中掏出單筒望遠鏡，**全神貫注**地看着不斷往上攀的小鷹。他記得，小鷹在海盜船上負責瞭望看哨，每天都要**攀高爬低**無數次，已鍛煉出猴子般的身手，70呎的高度對她來說雖不至**輕而易舉**，也絕對難不倒她。不過，稍一不慎從幾十呎高處摔下來卻不是講玩的，唐泰斯看着她吊在繩索上那**搖搖晃晃**的身影時，心中仍不時**捏一把汗**。

不過，小鷹的身手實在敏捷，不一刻，她已攀到坑口附近，看來只餘下十來呎就能到頂了。

然而，就在這時，一個**人影**卻毫無預兆地出現在坑口邊緣！

「**啊！**」唐泰斯大吃一驚，急忙把望遠鏡對準那黑影看去。

人影在逆光之中顯得**模糊不清**，但在頃刻之間，他的眼睛已適應了背光的影像。

「啊……！」當他看到那人的臉容時完全呆住了。

「怎麼了？」金丑察覺唐泰斯神情有異，慌忙問道。

「**坑口……坑口上有人……那人……那人是維勒福！**」

「甚麼……？」金丑被嚇得冷汗直冒。

「哈哈哈哈哈哈！」一陣冷笑夾雜着令人不寒而慄的回音從坑頂傳來，「哇哈哈哈哈！唐泰斯！你別來無恙吧！」

唐泰斯渾身發抖，已不懂得如何回應。

「沒想到你竟能逃離煉獄島，還不用沾污自己雙手就解決了三個仇人！你這個人實在太厲害了！」

「小鷹她仍在半空！現在怎辦？」金丑不知所措地問。

「……」唐泰斯一動不動地拿着望遠鏡，一句話也說不出來。但他頰上的疤痕已「噗」的一聲爆開，流下了一滴鮮紅的血。

「唐泰斯！你死在這裏好幸福呀！有一個這麼漂亮的姑娘為你陪葬，也不枉此生吧！哇哈哈哈哈！」回音不斷擴散，就像一個巨大的魔咒把唐泰斯完全籠罩。

「鬍子……那傢伙刮了兩頰的鬍子……」唐泰斯喃喃自語。

「甚麼？」金丑不明所以。

「綠衣人……綠衣人原來就是他！」

「哈哈哈哈哈！你看到我手裏拿着的是甚麼嗎？」維勒福叫人心寒的叫聲又響起。

唐泰斯慌忙把望遠鏡對準維勒福手上的東西看去。

「看到了嗎？這是一把鋸呀！知道是用來幹甚麼的嗎？哇哈哈哈！」

「難道……他……他要鋸斷繩子？」金丑大驚。

「小姑娘啊！別了！下去與你的唐泰斯大哥相聚吧！」維勒福揮了揮手上的短鋸後，馬上蹲下來往繩子鋸去。

「小鷹！快滑下來！」這時，唐泰斯才懂得大聲呼叫。

可是，他看到小鷹不但沒有滑下，反而緊握繩子迅速往上攀去。

「哈哈哈哈哈！傻丫頭，想跟我鬥快嗎？你太小看我了！」

維勒福說着，拼命加快鋸的速度。

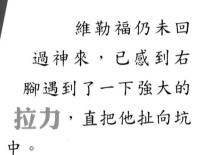

「小鷹！」唐泰斯和金丑都大叫。

「去死吧！」維勒福用力把鋸子一拉，繩子「嘞」的一聲斷開，小鷹迅即往下倒去！

「啊！」唐泰斯大駭。

然而，就在千鈞一髮之際，忽然「呼」的一聲響起，一條長長的黑影向維勒福打去。

維勒福仍未回過神來，已感到右腳遇到了一下強大的拉力，直把他扯向坑中。

「糟糕！」維勒福迅即意識到，他已被一條長鞭纏住了腳踝。那個他口中的姑娘，要把他扯下深坑同歸於盡！

（下回預告：維勒福和小鷹的命運如何？他們會一同墮下深坑而死嗎？唐泰斯和金丑又如何面對這個嚇人的結局？下回劇情峰迴路轉，絕對令你意想不到！）

神奇 隱形膠紙

頑皮貓參加了繪畫比賽，但他不小心把畫撕破，只好貼上透明膠紙。

你看到膠紙痕嗎？不如試試用隱形膠紙吧。

膠紙磨砂表面不反光，貼在紙上就會神奇隱形，你可以在上面寫字和塗顏色，拿去影印和掃描亦不留痕跡。

甚麼時候使用？

在個人物品上寫上名字或分類。

神奇隱形膠紙

膠紙呈雪白色，貼後隱形，表面可書寫。

可再貼隱形膠紙

黏力較弱，可重複黏貼，隱形不留痕。

用鉛筆答題，擦掉答案後，方便下次溫習。

適用於一般黏貼用途，如包書或包裝禮品。

透明膠紙

光面透明，黏力持久不變黃。

雙面膠紙

雙面黏貼，無須撕底紙，拉出就可使用。

做手工、勞作，也可黏合紙張、海報及信封等。

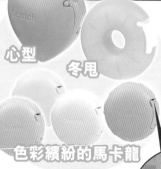

心型

冬甩

色彩繽紛的馬卡龍

▶ 鋸齒形刀鋒經特別處理，安全不割手。

每款膠紙有不同尺寸，可配合不同造型的膠紙座使用。只要打開蓋子，就可拉出膠紙，帶上課使用，美觀又實用。

誰發明了Scotch® Tape？

20年代雙色汽車塗裝方法耗時又不美觀，啟發了3M技術員查理·卓爾發明一款黏度適中且容易剝離的膠紙，經改良後取名為 Scotch® Tape。後來，3M不斷研發不同材質和功能的膠紙，並廣泛在日常生活中應用。

3M香港有限公司
香港九龍灣宏泰道23號Manhattan Place 38樓
電話：2806 6111　　網址：www.scotch.com.hk

在東南西北貼上《大偵探福爾摩斯》的角色，搖身一變成為會「說話」的紙手偶。你可以一邊說故事一邊表演，讓故事變得更加生動有趣呢。

巧手工坊

親子

製作難度：★★☆☆☆
製作時間：約 20 分鐘

所需材料

漿糊筆

15cm x 15cm

11.8cm
x
11.8cm

剪刀

不同尺寸的手工紙數張

*使用利器時，須由家長陪同。

掃描 QR Code
可觀看製作短片。

製作流程

① 東南西北摺法。

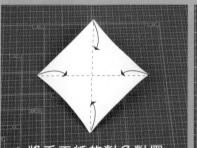

1.將手工紙的對角對摺，摺出摺痕。

2.攤開後，將四邊角向中心對摺。

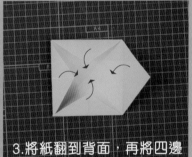

3.將紙翻到背面，再將四邊角向中心對摺。

—— 沿實線剪下

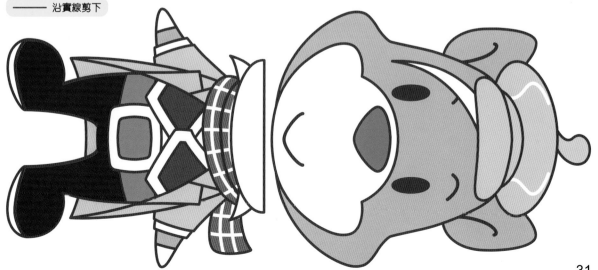

31

4.兩邊向內對摺。

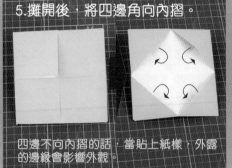

5.攤開後，將四邊角向內摺。

四邊不向內摺的話，當貼上紙樣，外露的邊緣會影響外觀。

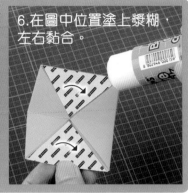

6.在圖中位置塗上漿糊，左右黏合。

② 剪下福爾摩斯的紙樣。

③ 分別在圖中四個位置塗上漿糊，先黏合身體，後黏合頭部。

③
①
②

小兔子和李大猩的做法相同。

完成！

製作小貼士

1. 按紙樣大小選擇手工紙尺寸，福爾摩斯用11.8cm的手工紙，而小兔子和李大猩則用15cm。
2. 摺東南西北時，可在步驟6畫(塗膠水前)／貼(塗膠水後)上牙齒、舌頭裝飾。
3. 切勿在紙樣上塗滿漿糊，塗得太多會緊黏着紙樣，影響手偶外觀。

貼上舌頭

將東南西北套在4隻手指上，上下移動手指，人偶的嘴巴也會跟着動。

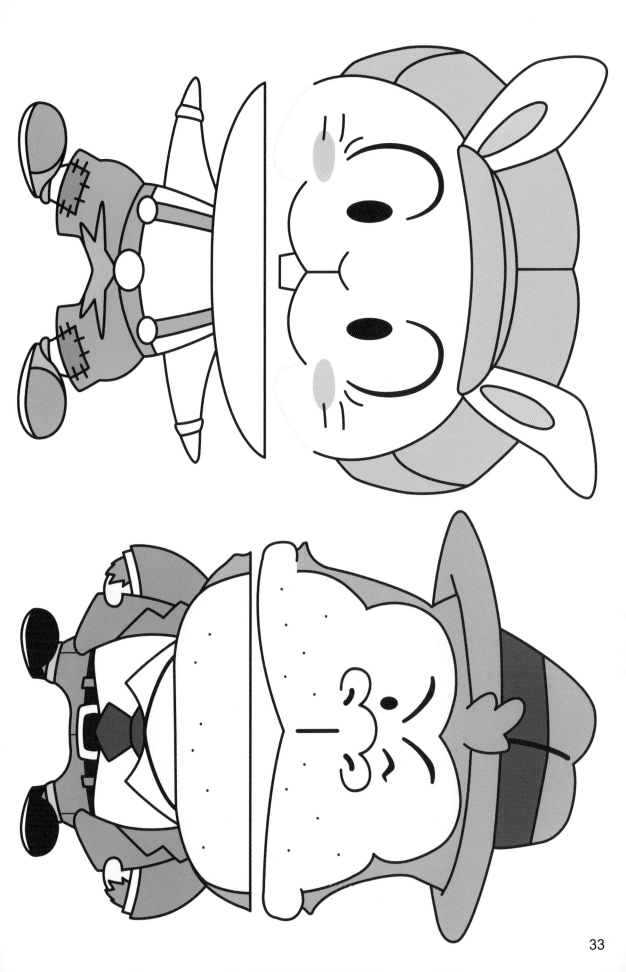

於問卷上填妥獎品編號、個人資料和讀者意見，並寄回來便有機會得獎。

童言童語說故事

快樂大獎賞

故事不一定要依書直說，你也可以創作屬於自己的故事。

A LEGO Monkie Kid牛魔暗黑戰車 80007 **1名**

牛魔王的手下牛雜兵駕着鐵公牛坦克發動攻擊，快來幫助悟空小俠和沙大力對付作惡的牛魔王。

B LEGO Classic創意影子拼砌盒 11009 **1名**

啟動發光顆粒投影器一就能將LEGO模型投射成影子木偶。現在開始表演吧！

C 4M魔雪奇緣 魔雪萬花筒 **1名**

跟着步驟，動手製作一個屬於自己的萬花筒吧！

D MOONLITE月光故事 投影機禮盒 （童話系列） **1名**

將投影機夾在手機後置鏡頭，轉動幻燈片，就能投影故事。

*須配合Moonlite App使用。

E Star Wars Rogue One 3.75吋 人偶模型雙人組合系列 （隨機獲得其中一款） **2名**

星球大戰外傳《俠盜一號》人偶，一盒有兩個角色。

F Finding Dory繪畫套裝 **1名**

在10張畫紙上塗上顏色，讓海底世界充滿色彩。

G 爆旋陀螺套裝 **1名**

三層組件設計，可自由組合成攻擊型或平衡型陀螺。

H 角落生物索繩袋 （隨機獲得其中一款） **2名**

快把零散小物放進貓和蜥蝪索繩袋內吧！

第55期得獎名單		
Ⓐ	LEGO Minions: Brick-Built Minions And Their Lair 75551	張子超
Ⓑ	Thinkfun眼明口快碰碰字	李泳筱
Ⓒ	迪士尼TSUM TSUM公仔頭咕呃	楊恩彤
Ⓓ	星光樂園寶石製作機+角色補充裝	Pang Kwan Yee
Ⓔ	朱古力隨想筆套裝	李卓謙
Ⓕ	魔雪奇緣雪寶破冰遊戲	黃可嵐
Ⓖ	角落生物坐姿毛公仔 （隨機獲得其中一款）	鄧叡霏 陳翰雅
Ⓗ	估估劃劃旅行版	蘇敬軒
Ⓘ	拼貓貓 Mindo	陳証翹

截止日期2020年12月14日
公佈日期2021年1月15日 (第59期)

- 問卷影印本無效。
- 得獎者將另獲通知領獎事宜。
- 實際禮物款式可能與本頁所示有別。
- 本刊有權要求得獎者親臨編輯部拍攝領獎照片作刊登用途，如拒絕拍攝則作棄權論。
- 匯識教育有限公司員工及其家屬均不能參加，以示公允。
- 如有任何爭議，本刊保留最終決定權。

I Doorables 長髮公主迷你小屋 **1名**

打開這扇門，你會發現神秘驚喜。

特別領獎安排

因疫情關係，第55期得獎者無須親臨編輯部領獎，禮物會郵寄到得獎者的聯絡地址。

成語小遊戲 語文

今期的《大偵探福爾摩斯》M博士外傳，唐泰斯終於在一個郊區的深坑內發現萊文森與侄兒弗朗西斯的屍體，莫非綠衣人就是兇手？在看故事之餘，也要學習當中的成語啊！

〔滿腹狐疑〕

像狐狸般多疑，意謂有很多疑慮。

他看完地圖後，抬起頭來向小鷹說：「我沒記錯的話，你曾見到萊文森與綠衣人走進一家航海用品店吧？我們去那兒問問，看看他們買了些甚麼。」

小鷹雖然**滿腹狐疑**，但也馬上叫了輛馬車，去到那間艾丁頓航海用品店。

「腹」字常見於不同的四字成語，你懂得以下幾個嗎？

腹背 □□ 比喻四面八方都受到敵人的攻擊。

捧腹 □□ 大笑時會用手按着肚子。

□□ 腹劍 嘴巴像抹上蜜糖般說得很甜，但腹中卻盤算着害人的壞主意。

□□ 置腹 把自己的心放在別人的肚子裏，比喻待人以誠。

〔一模一樣〕

「木樁上的繩子跟我們買來的**一模一樣**，而且還頗為新淨呢！」小鷹說。

「沒錯，看來是在同一卷繩子上剪下來的。可惜的是，我們老遠把繩子帶來，卻用不着呢。」

外表完全相同，找不到絲毫差異。

以下成語的第一和第三個字都有「一」字，你懂得用「針／線、舉／動、分／毫、朝／夕」來完成以下句子嗎？

①那守財奴購物時不但喜歡討價還價，而且一□一□都要算得清清楚楚。

②名偵探非常仔細地搜查兇案現場，因為一□一□都有可能是破案線索。

③他們之間的矛盾愈來愈深，非一□一□能解決的。

④總統大選即將舉行，兩位候選人的一□一□自然成為傳媒的焦點。

〔人跡罕至〕

她走到屍體身旁蹲下，翻開了他的臉看了一下，帶點悲傷地說：「沒錯，就是他。跟蹤了幾天，不知怎的，他好像已成為一個我熟悉的朋友。上星期還是活生生的，現在卻一動不動的死在這個**人跡罕至**的深坑裏，實在太可憐了……」

很多成語都與「人」有關，以下五個全部被分成兩組並調亂了位置，你能畫上線把它們連接起來嗎？

人傑● ●自擾
人中● ●地靈
庸人● ●佳人
秋水● ●之龍
才子● ●伊人

> 形容地點非常荒涼、偏僻，絕少有人會去的。

〔自相殘殺〕

「是萊文森失蹤的侄兒弗朗西斯吧？」唐泰斯問。

「對……正是他。」金丑點點頭。

「他們叔侄兩人……為何在這裏**自相殘殺**呢？」小鷹倒抽了一口涼氣。

> 指同伴之間互相傷害，甚至殺害。

以下的字由四個四字成語分拆而成，每個成語都包含了「自相殘殺」的其中一個字，你懂得把它們還原嗎？

自暴不取＿＿＿＿＿＿＿＿
慚相形亡＿＿＿＿＿＿＿＿
益卵殘彰＿＿＿＿＿＿＿＿
得雞穢殺＿＿＿＿＿＿＿＿

抹茶奶凍 伴啫喱

抹茶雖然帶點點苦澀味，但用來製作甜品卻恰到好處，不會太甜膩，清新怡人。

除了這兩種外，抹茶還可以弄很多款式甜品啊！你們有做過嗎？

製作難度：★★☆☆☆
製作時間：每款20分鐘
（不包括放涼及冷藏時間）

掃描 QR Code
可觀看製作短片。

抹茶奶凍所需材料

牛奶 200ml
水 適量
淡忌廉 150ml
魚膠片 2片
抹茶粉 2湯匙
糖 50g

1 將魚膠片用水浸至軟身。

*① 考考你：你有觀察到魚膠片要浸多久才變軟身嗎？

2 在大碗中倒入一半牛奶，加入抹茶粉拌勻，再倒入剩餘牛奶拌勻。

3 在鍋中加入做法②的抹茶牛奶、淡忌廉及糖，以小火煮至微滾（不用煮沸至起泡）。

*使用爐具時，須由家長陪同。

4 熄火，加入已浸軟魚膠片拌至溶化。

5 將做法❹隔篩倒進量杯。

6 再平均倒入小杯（約可做4小杯），放涼後放進雪櫃冷藏至凝固（約4小時）。

*②考考你：製成的奶凍液體大約有400ml，那每個小杯的容量最少要有多少ml？

完成！

抹茶啫喱所需材料

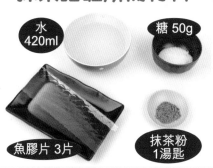

水 420ml

糖 50g

魚膠片 3片

抹茶粉 1湯匙

1 將魚膠片用水（材料分量以外）浸至軟身。

2 將抹茶粉及糖拌勻。

3 煮熱水，加入已浸軟魚膠片，拌至溶解，熄火。

4 將做法❷抹茶粉分3次倒進做法❸的水中拌勻。

5 將做法❹液體過篩，倒進長方形淺身模具，放涼後放進雪櫃冷藏至凝固（約4小時）。

6 取出後切粒。

完成！

想味道和顏色豐富一點，可以加入罐裝紅豆粒啊！

抹茶＝綠茶？

抹茶是綠茶一種，將綠茶樹採收前約一個月遮光培育生長，未經發酵，蒸煮烘乾後原葉慢磨成粉末，質感濃稠，富含抗氧化劑，但咖啡因含量亦高。而一般綠茶（如煎茶）則是蒸煮後，揉捻及乾燥而成，多以茶葉乾沖泡，口感清爽。以價格相比，由於工序較多，抹茶比綠茶貴好幾倍。

答案：①大約105顆雞蛋啦。②100ml。

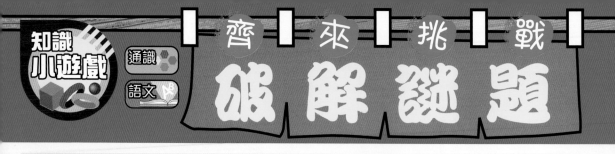

語文題

❶ 英文拼字遊戲

根據下列1~5提示，在本期英文小說《大偵探福爾摩斯》的生字表（Glossary）中尋找適當的詞語，以橫、直或斜的方式圈出來。

G	E	T	T	A	R	Y	E	C	B	O	R
A	H	U	A	W	E	G	U	F	F	A	W
U	R	V	C	R	W	R	K	I	C	E	S
D	E	S	P	E	R	A	T	E	L	Y	U
E	L	C	K	T	K	P	Y	S	P	E	I
R	T	R	L	C	I	P	S	I	K	V	Y
S	U	A	D	H	E	J	E	F	O	B	R
E	N	P	I	E	T	U	M	R	T	S	A
R	L	J	O	D	O	I	Y	A	H	M	E
Y	M	O	N	S	T	R	O	U	S	I	C

例（名詞）大笑
1. （形容詞）該死的、討厭的
2. （名詞）象牙
3. （副詞）拼命地
4. （動詞）毀掉
5. （形容詞）兇殘的、可怕的、醜惡的

❷ 看圖組字遊戲 試依據每題的圖片或文字組合成中文單字。

例

則

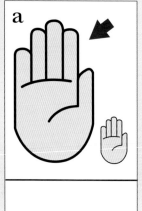

a

___

b

___

c

___

推理題

❸ 立體方塊

以下哪個紙樣摺成立體時，形狀與其他不同呢？

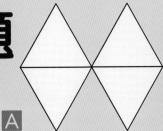

A

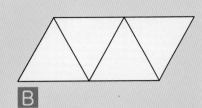

B

C

D

 # 數學題 ❹ 圖形算式

你能根據提示，計算出每個圖形代表的數字，還有算式的答案嗎？

提示：

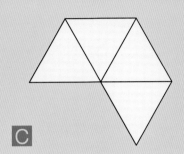

$$☆ + ◆ + ◆ + ● = 18$$
$$● + ● + ◆ + ◆ = 24$$
$$● + ● + ● + ◆ = 26$$
$$♥ + ☆ + ● + ◆ = 15$$

算式：

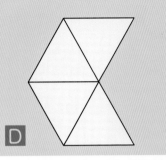

SHERLOCK HOLMES
大偵探福爾摩斯
The Dying Detective ⑤

Sherlock Holmes
London's most famous private detective. He is an expert in analytical observation with a wealth of knowledge. He is also skilled in both martial arts and the violin.

Author: Lai Ho
Illustrator: Yu Yuen Wong
Translator: Maria Kan

Watson
Holmes's most dependable crime-investigating partner. A former military doctor, he is kind and helpful when help is needed.

Previously : While investigating the Black Death cases, Holmes had contracted the Black Death himself and his life was now hanging on the line. In order to save his best friend, Watson headed to the medical school to seek help from infectious disease experts, Culverton Smith, Michael Stewart and Richard Bloom, but they had all turned him down. As Holmes lay dying on his bed, the murderer suddenly showed up in 221B Baker Street demanding to retrieve the murder evidence.

The Visitor ②

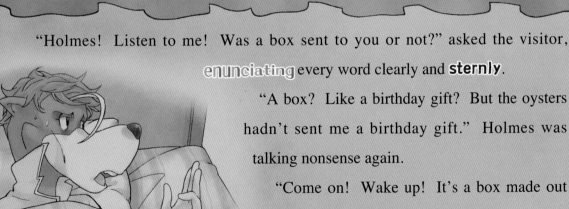

"Holmes! Listen to me! Was a box sent to you or not?" asked the visitor, enunciating every word clearly and **sternly**.

"A box? Like a birthday gift? But the oysters hadn't sent me a birthday gift." Holmes was talking nonsense again.

"Come on! Wake up! It's a box made out of ivory. You should've received it four days ago. Did you open the box?" asked the visitor impatiently.

"Oh... I remember now. Yes, a very exquisite ivory box was sent to me, but there was nothing inside. It was empty. It must've been that impish Bunny playing a joke on me."

"But you must've discovered something after opening the box."

"What…?"

"Like a contraption, perhaps?"

"Contraption? Ah yes… There was a contraption. I opened the box and springs popped up."

"Yes! Springs! Then what happened next?"

"I think… something *pricked* me. My finger bled. It must've been Bunny. He probably wanted to scare me and played a practical joke on me."

"Ahahahaha…" The visitor laughed for the first time. Sounding as though it was coming from deep within his throat, the scornful laughter was so dark that it sent chills down Watson's spine.

"Your memory is back at last. That was not a practical joke to scare you. It was, instead, your infection source!"

"What…? Why…? How did you know that I've received an ivory box? Were you…the sender?"

"That's right. If you weren't so nosy, there would be no need to do this to you. I can tell you now since you're about to die anyway. Savage did not die from the Black Death so he couldn't have passed it onto you. Your Black Death infection came from that box. The ends of the springs inside the box were coated with the deadly bacteria!"

Watson wanted to scream after hearing those shocking words. He could not believe that a man could be so evil and use deadly bacteria to kill people.

"The box… It was the box all along…" muttered Holmes in a stammer.

"That's right. Now tell me, where have you put the box?"

Watson finally understood why the visitor had to come see Holmes. His main purpose was to retrieve the ivory box! Watson could not help but wonder, *it sounds like Holmes is tricking the visitor into a confession. Holmes has just led the visitor to admit to sending the ivory box. Could Holmes's sickness be part of the trick too?*

"Help me…" Holmes's groans of agony broke off Watson's train of thought again. "Please…help me… I will hand you the box if you would agree to save me. I promise I will wipe the incident out of my memory. Please believe me. Save me and I will keep it a secret forever. You have…my word…"

"Ahahahaha…" The visitor's chilling laughter resonated in the room once again. Watson could see the visitor's shoes lightly shaking to the rhythm of the guffaw.

"I know for a fact that you would keep this a secret, not because you are a man of your word, but because you are about to die. Dead men don't talk."

"Please…I beg of you… You are the Black Death expert… I know you can save me if you put your mind to it… Please save me… I will give you the box… I promise…"

HELP!

Glossary stammer (名) 口吃、結巴   trick(ing) (動) 騙、引導   confession (名) 不打自招、招認   groan(s) (名) 呻吟   agony (名) 痛苦   resonate(d) (動) 回響   guffaw (名) 大笑

"You are such a fool!" shouted the visitor all of a sudden. "It's because I'm the Black Death expert that I can say with certainty that the Black Death is **incurable**. I've spent the past few years trying to develop a drug that would cure the disease, but **clinical trials** on human subjects a few days ago proved that the experimental drug was ineffective. So there is no hope for you. No one can save you and you are going to die! Now hand me the box!"

Clinical trials on human subjects? What did he mean by that? Did he conduct experiments on live men? And where did he find these men? Who in this world would risk their lives willingly and let this mad doctor conduct tests on them like laboratory rats? Watson felt **astounded** and **incredulous** at the same time.

"So those three victims found in the slum area... They were your human subjects?" asked Holmes.

The visitor let out an icy chuckle, "You seem to have finally pieced the puzzle together. Yes, those three **deadbeats** were my human subjects. It's so easy to find human guinea pigs in the slum area. I offered them three pounds and they agreed straightaway to be subjects in my experiment."

"Those three men were so stupid to throw their lives away like that."

"They weren't that stupid, actually. I was just more clever," boasted the visitor shamelessly. "I told them I needed blood samples for a medical experiment. Instead of just drawing blood, I injected some bacteria that Savage had collected from India into their bodies. Then I gave them injections of the experimental drug to test the formula's effectiveness. Unfortunately, the results turned out to be negative and all three subjects had to be **scrapped**. I've **racked my brain** in this drug development for years with no success to show for. Do you have any idea how frustrating that feels?"

What a **psychopath**! *Those were live men, not science experiment subjects!*

Glossary incurable (形) 無藥可救的、不能醫治的　clinical trial(s) (名) 臨床實驗　astounded (形) 震驚的
incredulous (形) 難以置信的、懷疑的　deadbeat(s) (名) 無業遊民　guinea pig(s) (名) 試驗品、實驗對象
scrap(ped) (動) 毀掉　rack(ed) someone's brain (習) 絞盡腦汁　psychopath (名) 精神變態者

Those men lost their lives but he just treated them as scrap! Where is his conscience*? And he still has the* audacity *to call himself a medical scholar?* As a **surge** of outrage rose within Watson, Watson was finally able to recognise the voice. It was neither director Culverton Smith nor the chubby Michael Stewart. The voice belonged to Richard Bloom, the tall and polite Richard Bloom!

The Reveal

"The subjects were **rendered** useless and had to be scrapped. The experimental drug proved to be ineffective. As you can see, I don't have any miracle drug to cure the Black Death," said Bloom coldly.

"There's no miracle drug? Oh… I'm going to die… I'm really going to die… That box… You must've killed Savage the same way, to stop him from talking," uttered Holmes in a daze.

"Ha! You really don't **live up to** your reputation as the great detective! Were you not able to figure out Savage's cause of death? He didn't have to die, you know, if he weren't such a money-grubber. I had already paid him for the bacteria at our agreed price but then he came back and blackmailed me for more. He was such a greedy **savage**, just like his name!" growled Bloom.

"Oh… I feel awful… Help me…" Holmes moaned in agony.

Fearing that Holmes might `kick the bucket` anytime, Bloom began to **panic**, "Just give me the box and I will give you some painkillers so you can die comfortably."

"Ha… Haha… Ahahahahaha...!" A loud laughter rolled out from Holmes all of a sudden.

Bloom was stunned and confused by Holmes's amusement.

Holmes sat up in his bed, stared Bloom in the eye and said, "You can save the painkillers for yourself. You will need them while you wait in prison for your death sentence."

"What?" uttered the astounded Bloom.

"I already knew that Savage had died from `carbon monoxide` poisoning!" In the blink of an eye, Holmes leapt out of bed and stood right in front of Bloom.

An icy glimmer flashed across Holmes's eye as he pointed at Bloom and shouted, "You are the killer!"

"You've tricked me!" exclaimed the frightened Bloom as his **cunning** eyes shifted back and forth in panic. All of a sudden, as though he had figured it all out,

Glossary savage (名) 野蠻人、粗人　　kick the bucket (習) 一命嗚呼、死掉　　panic (動) 驚慌
carbon monoxide (名) 一氧化碳　　cunning (形) 狡猾的

he regained his composure and said, "I was only joking with you just now. Nothing that I had said was true."

"A joke? Is that the best *rebuttal* you could come up with?"

"It's my word against yours and you don't have any evidence to back up your accusation."

"What about this box? Isn't your whole purpose of coming here to retrieve this box? This box is evidence of your attempt to kill me," said Holmes as he pulled out from his pyjamas an ivory box and raised it up high.

"You wretched hound!" shouted Bloom as he *lunged* furiously towards Holmes like a mad man, his bloodshot eyes bulging out.

"Argh!" screamed Holmes as he fell down on the floor from Bloom's tackle. Holmes was usually very agile but he could not *dodge* quickly enough this time. The ivory box slipped out of Holmes's hand and landed on the floor right before Watson's eyes.

Bloom immediately dived towards the box, stretching out his hand to reach for it. As Bloom landed on the floor, Watson swung his leg from under the bed and kicked Bloom right smack in the face.

"Argh!" cried Bloom painfully, rolling onto his back in agony and winding up right next to Holmes. Holmes immediately seized this opportunity to pin down Bloom. Holmes wrapped his

Glossary composure (名) 鎮靜   rebuttal (名) 抗辯、反駁   accusation (名) 指控   wretched (形) 該死的、討厭的
lunge(d) (動) 衝向、撲向   furiously (副) 用盡全力地、拚命地   bloodshot (形) 充血的   bulging (bulge) out (片語動) 凸起
agile (形) 敏捷的、靈活的   dodge (動) 閃身避開   pin down (片語動) 制服   49

legs around Bloom's chest and clutched Bloom's armpits with his knees then locked his elbows under Bloom's chin in a scissor hold to stop Bloom from *writhing* about. As Watson watched the boorish **wrestling** played out before his eyes, he could not believe that our great detective had to resort to such a **vulgar** move in order to restrain the tall and unhinged Bloom.

"Don't just stare at me! Go get Gorilla now! I can't hold him much longer!" shouted Holmes.

The shouts brought Watson back to his senses straightaway. Watson quickly crawled out from under the bed and screamed from the top of his lungs, "Gorilla! We need you! Come now!" It was only at that moment that Watson recalled seeing Gorilla's shadow darting behind a street corner nearby. Without a doubt, Holmes had asked Gorilla to lie in wait for his cue.

Before the sound of Watson's **holler** had even died down, the bedroom door swung open with a loud bang and in came Gorilla. Without uttering a word, Gorilla gave Bloom's lower belly a *fierce* kick. The pain from the kick was so sharp and paralysing that Bloom had no strength left in him to resist the handcuffs and the arrest.

"Is he the murderer? I saw him come upstairs so I

followed him and came up too," said Gorilla.

Holmes walked unsteadily back towards the bed and said, "Not eating for four days must've really *taken a toll* on me. I can't believe I got knocked down by this beast. Yes, this *heinous* beast is the killer. He has confessed that he's the one who sent me the ivory box. He wasn't aware that I'm always very cautious whenever I receive strange packages. I figured there must be a contraption inside the box even before I had opened it."

"The victims discovered in the slum area were also his *evildoing*. He injected Black Death bacteria into their bodies. He is a coldblooded murderer!" added Watson.

"No, those were not murders! Those were medical experiments! Don't you understand? If the results had been successful, the Black Death wouldn't be an incurable disease anymore and hundreds of thousands of patients wouldn't have to die from it!" argued Bloom *desperately* with his irrational logic.

Watson's face was flushed red with anger as he listened to Bloom's shameless reasoning. He could not help but shout at Bloom furiously, "You are unbelievable! Using live human subjects to conduct dangerous experiments is the same as intentional killing. You're a doctor and you took an oath to 'first do no harm'! How could you trample on the lives of innocent people like that?"

"Trample on their lives? They were slum paupers whose lives made no contributions to society! I made sure that I picked subjects with no friends and family so no one would shed a tear upon their deaths. They were the best choices as human subjects. By choosing them to participate in the experiment, I was actually giving them a chance to do a good deed that may end up benefitting the world, allowing them to sacrifice themselves for the betterment of the future. It was a cause worth dying for!" The delusional Bloom sounded almost righteous in his impassioned speech.

Whack! A sharp slap landed across Bloom's face.

Gorilla glared at Bloom with round, angry eyes and roared, "Shut up! Stop stinking up the room with your vile rubbish! Save your hogwash for the judge instead!" On that note, Gorilla dragged the monstrous Bloom back to the police station.

Next time on Sherlock Holmes — How did Holmes manage to fool everybody and fake his illness to lure out the murderer? Our great detective shall reveal the truth himself!

Glossary oath (名) 誓言　trample (動) 踐踏、無視　pauper(s) (名) 乞丐、貧民　deed (名) 行為
delusional (形) 妄想的、瘋狂的　righteous (形) 正義的　glare(d) (動) 怒視　stink(ing) up (片語動) 弄臭、染污
vile (形) 卑鄙的、可恥的　hogwash (名) 廢話、一派胡言　monstrous (形) 兇殘的、可怕的、醜惡的

讀者信箱

平時大家有機會在眾人面前說故事嗎？沒有也不要緊，其實掌握了今期專輯內介紹的技巧後，應用在日常對話中也同樣受用啊！

《兒童的學習》編輯部

讀者意見區　　應熙韻

每期的簡易小廚神我也看得垂涎三尺，很想立即可以做！每次完成後我也吃得津津有味，非常美味啊！

1-10分 → 很美味！ 對！

7分

多謝捧場！你有每期也跟着做嗎？哪一道你做得最滿意？

大概連載六期英文版或四至五期中文版《大偵探福爾摩斯》，就相當於一本小說。

讀者意見區

多少本《兒童的學習》內的《福爾摩斯》，才等於一本《福爾摩斯》？

李哲仁

插圖畫廊

讀者意見區　我們是BF！　新奧母　頑皮貓　元頑皮狼　蝠　容朗喬

加油！　(1-10分)　(purple)　8分　梁洛榣

讀者意見區　超級超級希望刊登/中獎　今期的《森巴FAMILY》非常搞笑啊！　Hi……　鄭曉楠

請評分(1-10)　讀者意見區　9分　K先生，我認為你的漫畫真棒啊　♥♥♥♥♥　我也十分希望得獎！　棒　黃殷童

1-10　讀者意見區　8分　胡皓然

教授蛋答問區

Q1　為甚麼看萬花筒能看到美麗的圖案？

萬花筒是一個圓筒形玩具，一端放置多塊彩色碎片，另一端則是透明密封洞口，內置由三面玻璃鏡組成的三稜鏡，轉動萬花筒的時候，透過洞口會看到三稜鏡反射對稱的碎片圖案，就像盛開的花朵般。

提問者：黃博彥

Q2　為何腦需要這麼長的休息時間？

正如60期專輯所說，腦部雖小，但消耗的能量佔人體總消耗量的20%，充足的休息可協助清洗腦內的毒素和廢物，之後便可寫入新記憶和維持專注力。除了睡眠，冥想、調節呼吸、適當舒緩情緒等也是讓大腦休息的有效方法。

提問者：陳堅信

如果大家有任何疑問，也可寫在問卷上寄回來，讓教授蛋解答。

From Big Snake to Long Snake!!

ARTIST: KEUNG CHI KIT   CONCEPT: RIGHTMAN CREATIVE TEAM

哈~~~　　　露娜公主，不要走!!　　　　　　　　　　　　哇~~!!

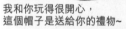

我和你玩得很開心，　　　嘩~這個帽子很好看，　　下次上岸要再找我!!拜拜~　　當然，再見！
這個帽子是送給你的禮物~　　謝謝!!

咬　　　呀!?

救命!!露娜公主!!
你送給我的帽子在咬我!!

Arrr...

Wah!!

Phew... Luckily it's just a dream...

呀......

哇!!

嘎......幸好只是做夢......

噗一

Arghhh~~

Big snake! Why are you biting me!?

PA一

Ah~

There's another snake!?

Big snake! Did you give birth to any baby snakes recently!?

呀~~

大蛇!你為何咬我!?

呀~

又有一條蛇!?

大蛇!你最近生了小蛇嗎!?

Eh...?
How did big snake become so long!?

咦……？大蛇變長了!?

Looks like she's asking for help instead of trying to eat me... Is this Samba's doing again!?

看來她是向我求救而非想吃我……
又是森巴嗎!?

Ah~~~

Eek~~~

呀~~~   吱~~~

Samba!! How did big snake become so long!? What did you do with her yesterday!?

森巴!!為何大蛇變長了!?
你昨天對她做了甚麼!?

We just played tug of war and jump rope with her!!

我們只是和她玩拔河和跳繩!!

Then this is obviously the result of that!!

Well, I don't think so~

結果顯然易見!!　嗯，我不同意~

Although this comic has always exaggerated things, we play with big snake every day. If we had elongated her, it would only be by 1.5 times at the most.

×1

×1.5

?

But now, there must be some other reason why she has become this long...

雖然這部漫畫內容一向誇張，但我們每天都與大蛇這樣玩。如果我們把她拉長，最多只能拉長1.5倍。　但她現在這麼長，肯定有其他原因⋯⋯

Let me find out why in just a moment!!

Divination with a crystal ball!?

ALL ABOUT SNAKE

I saw something!

That's fast!

我馬上去找原因!!　關於蛇的一切　水晶球占卜!?　　我看到了！　這麼快！

It's an "unknown reason"!! Probably because such a thing never happened...

Then what should we do now!?

「原因不明」!!　這種事從未發生過⋯⋯　現在該怎麼辦!?

There's nothing we can do!!! Just accept its destiny to become a long snake, and carry on as per normal!

$

?

我們任何事也不能做!!!只能接受命運安排，照常生活吧！

哈~~~ 哇!!蛇球!? 呀!!

剛？ 我在這兒!! 哈~~~ 你扁了!! 別笑了!!不要把她滾成一個球！她已經很可憐!!

帶她去看醫生 那位醫生是咕嚕族的蛇專家!! 哦？在哪裏找到他？ 這!! 在山上!? 呵~~~

This is a sleeping volcano~

這是一座睡火山~

I'll never forgive Dubar Gor!! It's always just me and Samba who do the dirty work. He never offers any help!!

我不會原諒兜巴哥!!永遠只有我和森巴做這些粗重工夫,他從來都不幫忙!!

Hey enough, Samba!! When will you come and help me out!?

I want to play

喂,森巴!!你甚麼時候下來幫我!?　我要玩

Ah

Kang

啊　　剛

There's a snake

有蛇

Wah~~~~ What bad luck I'm having today!! The snake is attacking me!!

哇~~~~我今天真倒霉!!這條蛇在咬我!!

What's more, this snake is...

而且,這條蛇是……

61

有毒…… 砰—剛

嘔～～

我幫你解毒

呵～～ 嘿哈

嗖—

吸～～

吐

沒事了

完成　　不是這條腿，你這傻瓜！　當然沒事!!
　　　　是另一條腿被咬了!!

呀!!!我看到天使來接我……

大蛇，想不到我們會在同一天死亡……

你不必這麼沮喪!!

只要有我，奧巴哥，咕嚕族的蛇王，　　　　任何無法治癒的蛇毒都能醫治!!　真的!? 奧巴哥

63

Were you introduced by Dubar Gor!?

Yes

Yes

Hmmm... Since I moved to this mountain with the snakes, I haven't encountered other people in a loooong time...

是兜巴哥介紹嗎!?　　是 的

嗯……自從我帶着這些蛇搬到山上，就再也沒有遇見其他人了……

This

Du

is

bar

from

Gor

兜巴哥給你的

So your snake got a strange disease and became elongated...

原來你的蛇感染了一種怪病，變長了……

Alright! Let me do a full body check-up from her now!

Doctor Oba Gor...

好！現在幫她進行全身檢查！

奧巴哥醫生……

Can you save my life first instead ...!?

The poison has been spread all over my body...

N... No problem ...

你能先救我嗎……!?

毒液已經擴散至全身了……

沒……沒問題……

你被這條蛇
咬傷……　　只要這條白色條紋蛇咬你
一口，就能中利毒液!!　　但為何要將我倒吊起來
和脫掉褲子!?　　這樣就能加速
血液循環~　　咬　　呀~~~

好吧！休息一會兒
就會康復。　　呀~我能舒服地
休息嗎!?　　接下來，開始治療
你的大蛇朋友!!

你咬他他咬她　　我的蛇是用來治病，
不是用來玩的!!　　坐好！看我驚人的表演!!

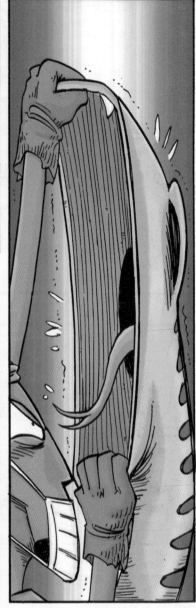

好，有結果了!! 經初步分析……　　大蛇患了甚麼病!?

基 因 突 變 急 速 成 長 症

就是「蛇基因突變令身體急速成長綜合症」!!

到底是甚麼!!?? 好長的名字。這一定是非常嚴重的病……

簡稱「長蛇症」!!

人造色素　防腐劑　太深奧了……

你看，病人長期處於電磁波、輻射和無線電波等地方，而且她吃的食物亦含有過多的化學添加劑。　　當身體無法承受時，就會發生基因突變，導致生長細胞快速增加……這就能解釋身體為何會在短時間內急速成長……

Then doctor, how can big snake be cured?

There are three ways, but I cannot guarantee that all are effective...

醫生，如何治好大蛇？

有三種方法，但我不能保證全部有效……

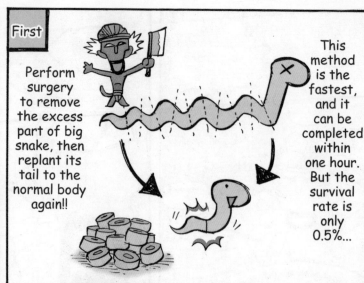

First

Perform surgery to remove the excess part of big snake, then replant its tail to the normal body again!!

This method is the fastest, and it can be completed within one hour. But the survival rate is only 0.5%...

一　做手術切除大蛇多餘部分，然後將尾巴移植到正常身體上!!

此方法最快，一小時完成。但生存率只有0.5%……

Second

Use volcanic ores and the secretions from seven kinds of snakes to extract an anti-growth pill.

Let her take twice a day, and it will be effective in four weeks.

二　用火山礦石和七種蛇的分泌物提煉成抗生長藥丸。

讓她每天服用兩次，四星期見效。

Third

Use a big urn to contain big snake, then use a hammer to hit her until she gets shorter,

keep hitting for a year, and her body should be back to normal.

三　用大甕裝着大蛇，每日用鎚子敲打她直至變短，

持續打一年，她的身體就會恢復正常。

Which method should you use? You decide!!

Eek

eek

Looks like only the second method is humane ...

用哪種方法？你們決定吧!!

吱 吱

似乎只有第二種方法最人道……

Alright then, let me start distilling the pill!!

好吧，開始提煉藥丸!!

Ah!! This pill is already huge! Quickly! Help me to stuff it into her mouth!!

Hey stop!! I think we shouldn't use this method!!

呀！這藥丸太大了！快！幫手塞進她的嘴裏!!

喂，停手!!我們不應該用這個方法!!

You'd rather chop or smash her!?

Is there any way which is less abusive?

你要切斷還是敲打她!?

有沒有其他傷害性較低的方法？

Oh, there is one more!

You should have told us earlier!! The page is running out!!

哦，還有一個！

你應該早點告訴我們!!就快沒頁數了!!

There's the "return to the origin" magic from the ancient Guru Tribe!!

"Return to the origin" magic!?

這是古代咕嚕族的「還原」魔法!!

「還原」魔法!?

It's a kind of witchcraft which allows a creature to return to its original state.

Because it defiles the laws of nature, it's prohibited from being used in the Guru Tribe.

這是一種巫術,可以使生物還原至原始狀態。

由於它違反自然定律,所以禁止在咕嚕族使用。

Please keep quiet as I administer the treatment.

If not, the result will be affected ...

Ok

Woo

Ho

當我進行治療時,請保持安靜。

否則,會影響治療結果……

好

嗚呵

The treatment begins!!

Bili bala~ Bili bala

治療開始!!

呭哩叭啦~呭哩叭啦

70

呀~~~　　怎麼辦!?快醫治我們，　別擔心，我會盡力而為。　呀~~~
　　　　奧巴哥醫生!!　　　你們想被切斷還是敲打!?

但為何我們的身體　可能你們兩個太吵了，所以　都不要!!　　大蛇快樂地　完……
拉長了!?　　　　長蛇症轉移傳染給你們……　　　　　　回家~

請貼上
$2.0郵票

香港柴灣祥利街**9**號
祥利工業大廈**2**樓**A**室
兒童的學習編輯部收

2020-11-15　▼請沿虛線向內摺。

請在空格內「✔」出你的選擇。

問卷

有關今期內容

Q1：你喜歡今期主題「福爾摩斯教你說故事」嗎？

01 □ 非常喜歡　　　02 □ 喜歡　　　03 □ 一般　　　04 □ 不喜歡　　　05 □ 非常不喜歡

Q2：你喜歡小說《大偵探福爾摩斯──M博士外傳》嗎？

06 □ 非常喜歡　　　07 □ 喜歡　　　08 □ 一般　　　09 □ 不喜歡　　　10 □ 非常不喜歡

Q3：你覺得SHERLOCK HOLMES的內容艱深嗎？

11 □ 很艱深　　　12 □ 頗深　　　13 □ 一般　　　14 □ 簡單　　　15 □ 非常簡單

Q4：你有跟着下列專欄做作品嗎？

16 □ 巧手工坊　　　17 □ 簡易小廚神　　　18 □ 沒有製作

讀者意見區

快樂大獎賞：
我選擇（A-I）

只要填妥問卷寄回來，
就可以參加抽獎了！

感謝您寶貴的意見。

請沿實線剪下

請沿實線剪下

讀者資料

姓名：		男 女	年齡：	班級：

就讀學校：

聯絡地址：

電郵：　　　　　　　　　　　聯絡電話：

你是否同意，本公司將你上述個人資料，只限用作傳送《兒童的學習》及本公司其他書刊資料給你？（請刪去不適用者）

同意/不同意　簽署：＿＿＿＿＿＿＿＿　日期：＿＿＿年＿＿月＿＿日

讀者意見收集站

A 學習專輯：福爾摩斯教你說故事
B 實戰寫作教室：厲河老師的實戰寫作教室
C 大偵探福爾摩斯──M博士外傳⑭深坑大對決
D 巧手工坊：動動嘴巴紙手偶
E 快樂大獎賞
F 成語小遊戲
G 簡易小廚神：抹茶奶凍伴咖喱
H 知識小遊戲
I SHERLOCK HOLMES：The Dying Detective⑤
J 讀者信箱
K SAMBA FAMILY：From Big Snake to Long Snake!!

＊請以英文代號回答 **Q5** 至 **Q7**

Q5. 你最喜愛的專欄：
第 1 位 19＿＿＿　第 2 位 20＿＿＿　第 3 位 21＿＿＿

Q6. 你最不感興趣的專欄：22＿＿＿原因：23＿＿＿

Q7. 你最看不明白的專欄：24＿＿＿不明白之處：25＿＿＿

Q8. 你覺得今期的內容豐富嗎？
26□很豐富　27□豐富　28□一般　29□不豐富

Q9. 你從何處獲得今期《兒童的學習》？
30□訂閱　31□書店　32□報攤　33□OK便利店
34□7-Eleven　35□親友贈閱　36□其他：＿＿＿

Q10. 你希望《兒童的學習》介紹甚麼題材？（可選多項）
37□飲食及節日　38□國家風俗習慣　39□公共衛生
40□世界地理　41□經濟　42□歷史
43□運動　44□人文　18□音樂
46□交通工具　47□動植物　48□其他：＿＿＿

Q11. 你還會購買下一期的《兒童的學習》嗎？
49□會　50□不會，原因＿＿＿